AF494506

PÉTITION

PRÉSENTÉE

A LA CHAMBRE DES DÉPUTÉS,

POUR LA PRIER DE PRENDRE EN CONSIDÉRATION LES ÉVÉNEMENS DE L'ORIENT ET LA GUERRE PAR LAQUELLE LA RUSSIE MENACE L'INDÉPENDANCE DE L'EUROPE.

PAR ADRIEN FELINE.

Paris,

DE L'IMPRIMERIE DE GAULTIER-LAGUIONIE,

RUE DE GRENELLE-SAINT-HONORÉ, N. 55.

1829.

Messieurs les Députés,

Permettez qu'un Français use du droit de pétition, pour vous prier de prendre en considération les événemens de l'Orient, et la guerre par laquelle la Russie menace l'indépendance de l'Europe.

En faisant usage de ce droit, d'une manière inusitée en France jusqu'à ce jour, j'essaierai de répondre à quelques-uns des motifs par lesquels on pourrait éloigner ma demande.

Vous avez fait, Messieurs, tout ce qui vous était possible pour défendre la liberté de la France. Je ne crois pas qu'à cet égard on puisse rien reprocher à votre sollicitude, mais a-t-elle été aussi grande pour ce qui regardait son indépendance? Le danger, pour être éloigné, n'en est pas moins grand, et votre prévoyance ne doit pas le négliger. Vous ne devez vous en rapporter à personne sur ce qui touche les grands intérêts de la France, votre droit de vous en occuper lui appartient, l'exercer devient pour vous un devoir. Permettez donc qu'un bon français, qui craint jusqu'à l'ombre d'un danger pour l'indépendance de sa patrie, ramène votre attention sur ce que vous eussiez dû faire, sur ce que vous devez faire encore. La question d'Orient est pressante. Dans quelques mois peut-être elle sera décidée, et l'intervention tardive de la France serait alors inutile ou très coûteuse. Ne devez-vous pas, pour de si graves intérêts, ajourner, s'il le faut, jusqu'à la défense de notre liberté intérieure? Car sans indépendance point de liberté.

En traitant cette question, je dois m'applaudir de

pouvoir m'adresser avec une égale confiance à tous les membres de la Chambre, sans distinction de côtés ni d'opinions. C'est à l'honneur national que j'en appelle, c'est des dangers que court l'indépendance du royaume de France que je veux parler. Que vous adoptiez ou non mes craintes, que vous soyez ou non d'accord sur les moyens de prévenir le danger, du moins j'espère que vous accueillerez tous ma demande avec la même bienveillance, et mes idées avec la même indulgence.

La question à examiner se divise en plusieurs points. Les Chambres ont-elles le droit de s'occuper de la politique extérieure de la France? Est il convenable de le faire aujourd'hui? Quel rôle peut et doit prendre la France dans les événemens d'Orient?

Beaucoup de personnes, je le sais, contesteront aux Chambres le droit d'influencer la politique extérieure de la France, en disant qu'au Roi seul appartenant de faire la guerre et la paix, ce serait empiéter sur ses prérogatives, que de rien exiger du ministère à cet égard. Certes, je suis loin de vouloir rien retrancher de cette prérogative. S'il est une chose où il faille de l'ensemble, une unité de vue et d'exécution, c'est la guerre; là, plus qu'ailleurs il faut un chef unique; mais s'ensuit-il qu'un ministère puisse lâchement reculer devant la nécessité d'une guerre ou prodiguer le sang des Français sans en rendre compte?

Le Roi commande aussi l'armée en temps de paix, il veille à la sûreté générale, la justice se rend en son nom; s'ensuit-il que les Chambres doivent s'en rapporter sur ces différentes branches d'administration aux ministres qui en sont chargés? Les ministres nommés par le Roi sont responsables; donc ils doivent rendre compte de l'emploi qu'ils veulent faire et qu'ils ont fait des ressources de la France; les Chambres accordent ou refusent, blâment ou approuvent. C'est à la Chambre des députés d'imprimer la direction à la marche du Gouvernement, comme représentant l'opinion de la nation, laissant au pouvoir ministériel l'exécution, à la Chambre des pairs le soin de modérer les deux autres pouvoirs dans leurs écarts, et d'amortir ainsi les coups des partis.

Si les Chambres ont le droit de contrôler les actions du Gouvernement dans ce qui intéresse la politique intérieure, à plus forte raison doivent-elles le faire lorsqu'il s'agit d'exposer la France à des guerres qui demanderont peut-être de grands efforts d'hommes et d'argent. C'est alors surtout qu'il appartient aux députés de la nation d'offrir les sacrifices qu'ils croient nécessaires à un ministère trop timide, ou à les refuser à des ministres ambitieux.

Le droit d'intervention des Chambres dans les affaires intérieures ou extérieures découle encore du vote du budget; quand on leur demande des fonds, elles doivent les accorder ou les refuser, selon l'emploi que l'on veut en faire; de là une sorte d'omnipotence directrice, car il est incontestable que dans notre état de civilisation, les cordons de la bourse sont les rênes du Gouvernement.

Et ce n'est pas, Messieurs, la seule crainte de nous voir entraîner dans une guerre désavantageuse qui doit exciter votre patriotisme; vous devez veiller également à ce que l'on ne fasse pas des forces de la France un usage injuste, en opprimant le faible.

Ainsi, vous avez négligé un de vos devoirs les plus sacrés, en n'exigeant pas du ministère de justifier des motifs qui nécessitent la guerre contre Alger; jamais en Angleterre, on n'a souffert un semblable oubli des vrais principes du gouvernement représentatif; les Chambres y eussent depuis long-temps demandé le dépôt des pièces sur le bureau. Napoléon, certes bien absolu dans son ambition envahissante, ne déclarait jamais la guerre, sans faire connaître par un manifeste quels étaient ses motifs : jamais aucun pouvoir absolu n'y a manqué. Et nous, depuis deux ans, nous dépensons notre argent en croisière, notre commerce souffre, sans connaître les causes de cette guerre. Vainement les ministres veulent imposer à la tribune et aux journaux, un silence nécessaire, disent-ils, à la conclusion de la paix et aux succès de la guerre : nous ne voyons qu'un fait qui puisse compromettre le succès, ce serait que les motifs de cette guerre soient tellement injustes, que la nation, en les apprenant, forçât, par son indignation, le ministère à la paix. Avez-vous donc eu, Messieurs, tant de confiance dans le ministère précédent, pour penser qu'il ne pouvait faire qu'une guerre légitime et indispensable? car il n'y a de justes que celles dont on ne peut se défendre. Mais quand le ministre qui l'a déclarée, mériterait votre confiance, votre devoir, mandataires de la nation, est de n'en accorder à personne et de contrôler tous les actes du Gouvernement. On ignore les motifs de cette guerre; mais s'il était vrai qu'un ministère, aussi méprisé au dehors que détesté au dedans, eût cru trouver, en attaquant un ennemi faible, une occasion d'effacer les outrages dont la Prusse, l'Autriche, la Russie, nous avaient abreuvés; s'il était vrai que la guerre eût été provoquée par l'insolence de notre consul envers un souverain indépendant, et par la protection accordée à un sujet débiteur de ce souverain; s'il était vrai que l'outrage que nous vengeons eût été adressé à la double face du consul de Rome; s'il était vrai que pour un éventail jeté à la tête d'un consul, nous voulussions jeter des bombes dans une ville; si les corsaires d'Alger n'avaient fait qu'user de représailles, et que nous eussions commencé les hostilités sous d'aussi futiles motifs; si, ne pouvant satisfaire notre vengeance avec des vaisseaux et des bombes, on songeait à exposer vingt-cinq mille français à la famine, à la peste, au feu et au fer des Turcs et des Arabes pour venger l'honneur d'un consul outragé; alors, Messieurs, cette guerre, qui a été entreprise avec la plus coupable ignorance des moyens de défenses de l'ennemi, ne serait-elle pas injuste, puérile, barbare, impolitique, contraire aux intérêts de la France? Si le ministère actuel ne l'avait continuée que pour soutenir l'honneur de ses prédécesseurs, ne serait-ce pas à vous à moins ménager ce ministère déchu? N'eussiez-vous pas dû exiger les pièces qui prouvent la nécessité de cette guerre? La France entière ne devrait-elle pas en connaître les motifs? Devez-vous souffrir une lâcheté? Car c'en est une bien grande, que d'attaquer ceux que l'on croit faibles; et quand il serait vrai que l'insulte eût été adressée à celui qui portait l'habit de représentant de la France, sommes-nous donc au temps où l'orgueilleux Louis XIV vengeait par des torrents de sang et la dévastation des provinces, l'injure d'une médaille! En fut-il plus grand pour avoir exigé l'abaissement d'un doge? Et quand le dey d'Alger s'humilierait, ou que ses sujets seraient massacrés, en serions-nous plus fiers et plus puissans? Non, ce n'est pas contre de tels ennemis que nous devons déployer notre valeur. Une insulte d'un dey barbaresque me semble nous atteindre bien moins que celles des membres de l'ex-Ste-Alliance. Mais ce n'est pas pour venger de prétendus affronts, au-dessus desquels nous place le courage des Français, que nous devons prodiguer nos ressources. Si le dey d'Alger ou ses sujets nous ont attaqués, s'ils ont pillé nos vaisseaux, et nous refusent une juste indemnité, alors la France sera prête à tous les sacrifices pour une juste défense. Alors, si des vaisseaux ne suffisent pas, nous enverrons une armée, nous nous emparerons d'une ville qui persisterait à être un repaire de pirates, non pas seulement pour venger un affront et l'humilier, la vengeance nous coûterait trop cher, mais pour y fonder une colonie française ou indépendante : la chose semble d'une réussite probable et avantageuse. Mais avant tout, il faut voir s'ils n'ont pas renoncé à la piraterie, et s'ils nous ont donné des motifs de plaintes suffisans pour autoriser un envahissement. Si au contraire, il ne s'agissait que d'un coup d'éventail, ne serait-il pas de la dignité du roi de France, de dire comme Titus, *je ne me sens pas blessé.* Si c'est le père des fidèles qui a été outragé dans son représentant, ces paroles lui conviendraient encore mieux, et il serait de son caractère d'apporter sa médiation dans la querelle, et de calmer notre bouillant ministère. Mais, Messieurs, la guerre d'Alger n'est qu'un faible épisode dans les événemens qui se pressent. J'ai voulu surtout, en vous en parlant, vous montrer que le droit que vous avez d'intervenir dans les questions de guerre et de paix, est pour vous un devoir, sous le rapport de la justice, comme sous celui de l'intérêt national.

Quand on voudrait refuser à la Chambre le droit d'intervenir et d'exiger, comme faisant partie du pouvoir souverain, comme exerçant le droit de direction suprême, que je crois lui appartenir par la Charte et le vote du budget, c'est du moins un fait incontestable que l'opinion publique doit être consultée en France comme en Turquie, comme en Russie, lorqu'il s'agit des grands intérêts de l'État. Et bien cette opinion publique, qui l'exprimera mieux que l'assemblée élue par la Nation ?

Aujourd'hui que nous jouissons du système représentatif, le peuple a renoncé à tous les autres moyens de faire connaître son opinion ; plus de révolte pour le pain ou pour le sel, plus de mouvemens populaires pour appuyer les parlemens. Ce n'est qu'en appréciant la convenance et l'efficacité d'un mode légal de représentation que les peuples renoncent aux moyens illégaux, car il faut que partout l'opinion de la masse soit représentée ; mais elle n'en vient aux mains que lorsqu'elle ne peut aller aux voix. Si comme à Saint-Domingue elle a été complètement opprimée pendant trois siècles, elle paie l'arriéré par les plus affreux massacres. Si donc, Messieurs, vous renonciez à exercer un droit qui vous est acquis par l'esprit de notre gouvernement, vous devriez encore faire connaître votre opinion, et ne pas rester dans une coupable indifférence sur des événemens qui intéressent si vivement l'avenir de la France et de l'Europe.

Examinons maintenant la seconde question. Serait-il utile à la France que la Chambre exerçât dans cette circonstance son droit d'intervention dans les affaires d'Orient.

Le premier point de vue sous lequel cette question doit être envisagée, est le caractère du ministère actuel.

Dès sa naissance il a montré une grande disposition à suivre l'opinion de la majorité de la Chambre, et l'on doit l'en féliciter. C'est ce qu'un ministère doit faire dans tout ce qui ne lui paraît pas positivement contraire à la morale et aux intérêts qu'il est chargé de défendre.

C'est à tort, c'est en vain que les journaux lui ont reproché de ne pas inspirer de confiance. Le ministère a semblé négliger ce reproche et ne demander qu'une confiance de probité, mais non d'opinion ; les Français sont trop portés à prendre confiance en quelques individus, et à leur abandonner la direction de leurs affaires, ce n'est pas là l'esprit du gouvernement représentatif. Nos Chambres ne sont pas instituées seulement pour marchander le budget, elles doivent influencer l'esprit dans lequel le ministère est choisi, elles doivent le suivre dans toutes ses actions, et lui imprimer la direction convenable dans toutes les affaires graves. Ce n'est donc pas un reproche à faire au ministère de ne pas inspirer une confiance aveugle, il serait dangereux qu'il en fût ainsi, et c'est faire son éloge que de reconnaître qu'il s'est montré disposé à chercher la majorité et à la suivre. C'est un malheur si cette majorité n'est pas composée comme chacun le voudrait.

Cette tendance du ministère n'a pu se remarquer, j'en conviens, que dans les affaires intérieures; mais il n'y a aucun motif pour qu'il refuse à la Chambre la discussion des affaires extérieures. Si l'inertie où il est resté pendant la campagne provenait de faiblesse de sa part, ce serait certes le cas de le soutenir, car c'est surtout vis-à-vis de l'étranger qu'il convient de montrer une détermination forte. Si c'est au contraire une reconnaissance des vrais principes du gouvernement représentatif, s'il a cru ne pas devoir prendre sous sa responsabilité les chances où une guerre pouvait entraîner la France, c'est vous, Messieurs, que l'on doit accuser de n'avoir pas examiné et décidé la question. Votre intervention est donc nécessitée, d'abord par le caractère du ministère actuel. Il est possible que les ministres semblent s'opposer à la prise en considération de cette question par la Chambre; mais ce ne serait que pour ne pas se compromettre vis-à-vis des cabinets étrangers; ce serait un manége qui ne devrait pas vous abuser, il serait tout diplomatique.

Vous dira-t-on que la diplomatie a besoin de mystère, qu'elle ne peut être traitée que dans le secret du cabinet, que des courriers porteurs de chiffres ne peuvent être remplacés par une tribune et des journalistes?

Ce pouvait être vrai autrefois, lorsque le caprice des cours, l'influence d'une maîtresse ou d'un favori disposaient du sort des empires; que par eux l'on achetait une alliance à beaux deniers comptans. Mais maintenant, j'aime à le croire, la politique a pris d'autres guides; c'est l'intérêt des peuples qui inspire nos diplomates européens, même dans les pays qui n'ont pas encore reçu les bienfaits d'une constitution, l'influence de cette propension à la liberté s'y est fait ressentir; et les cabinets pourraient difficilement agir contre l'intérêt de leurs nations. Eh bien! ces intérêts sont patens, sont manifestes, la discussion ne peut que les présenter sous un jour plus vrai, on ne peut les cacher comme les moyens de corruption employés par les anciens hommes d'Etat. De quoi s'agit-il d'ailleurs, l'opinion du peuple russe, est pour la conquête de la Turquie; l'opinion du peuple français, exprimée par ses représentans, sera-t-elle de s'y opposer? Cette manifestation positive ne serait-elle pas un frein plus puissant que toutes les notes et contre-notes de nos diplomates? Ce n'est pas un succès d'un jour que nous devons obtenir, c'est une barrière éternelle que nous devons opposer à l'ambition de la Russie; et certes une détermination forte de la nation à cet égard simplifierait les relations du ministère présent et des ministères à venir,

Quant au droit qu'a une puissance d'intervenir dans les querelles des autres nations, personne ne peut le contester, je pense; c'est lui qui fait la sûreté des agrégations indépendantes, qui réprime les écarts des individus qui de fait ou de droit ne sont pas soumis à un supérieur, il faut alors qu'ils soient contenus par leurs égaux. Ce droit qu'a chacun de prendre la défense du faible est reçu entre les états comme il est en usage dans les forêts. La Russie, en refusant l'intervention de la France et de l'Angleterre, n'a fait que changer la nature de cette intervention; au lieu d'amiable et d'amicale qu'elle se presentait, elle ne peut plus être qu'impérieuse et menaçante; ce ne peut plus être qu'un ultimatum dont le refus entraînerait la guerre. Sera-ce un motif pour nous arrêter? Si la guerre est juste et nécessaire, la France ne reculera pas devant sa nécessité.

L'équilibre de l'Europe est un principe suivi depuis plusieurs siècles par les cabinets; Henri IV avait voulu l'établir en droit en formant une confédération de la république européenne. Quoique la mort l'ait empêché de réaliser ce projet, le principe n'en est pas moins resté dans toutes les têtes, il a été suivi contre Louis XIV, contre Napoléon. La Sainte-Alliance avait semblé vouloir réaliser le projet de Henri IV; mais en s'attachant à maintenir le statu-quo intérieur des états, elle a oublié le vrai principe qui était d'empêcher leur agrandissement. Il est évident qu'un état trop puissant anéantirait l'indépendance des autres, et pourrait même par la suite les envahir complétement. La monarchie universelle n'est pas un rêve, elle est dans la nature des conquérans, souverains ou peuples; elle a été réalisée souvent; les Perses, les Macédoniens, les Romains, ont les uns après les autres soumis tout le monde connu; tout ce qui s'est présenté à leur ambition a été dévoré; en Asie surtout, des peuples qui se croyaient à jamais indépendans, se sont vus tout-à-coup envahis par des nations à demi-sauvages, et subjugués sans avoir presque combattu. C'est ainsi que les Tartares, les Mongols, les Arabes, ont fait d'immenses conquêtes.

Si la Grèce a résisté long-temps, si l'Europe résiste encore, elles l'ont dû à leur configuration géographique, à une division en un grand nombre d'états d'une égale puissance, tous voisins par des golfes qui rendent les communications plus faciles. Elles l'ont dû aussi à une similitude de mœurs et presque d'idiome entre les différens états, qui ne font pour ainsi dire qu'un seul peuple marchand sous la forme la plus favorable; celle de l'indépendance et de la rivalité, au perfectionnement de l'esprit humain.

Cette indépendance, qui nous promet encore de si grands résultats, n'est-elle pas menacée par les envahissemens de ces nouveaux Macédoniens? Certes je suis loin d'admettre les nécessités historiques que l'on professe aujourd'hui, mais, Messieurs, les hommes ne sont-ils pas toujours les mêmes ? Les mêmes causes ne peuvent-elles pas amener les mêmes résultats ? Je ne prétends pas que la similitude soit complète entre la situation de la Grèce et celle de l'Europe ; mais elles présentent des rapprochemens remarquables. Sous le rapport géographique, l'Europe comme la Grèce, bornée par la mer qui l'entoure, est menacée par une puissance qui appuie ses extrémités sur les deux mers et qui n'a sur ses derrières qu'un continent immense et non civilisé. La Russie est même dans une situation beaucoup plus favorable que la Macédoine par la configuration des mers qui la bornent et par la possession de l'immense continent asiatique dont elle peut tirer des ressources en hommes et en chevaux. Comme la Grèce, l'Europe est divisée par des rivalités ; et l'autocrate, comme Philippe, intervient dans tous les démêlés même intérieurs, et pousse les états les uns sur les autres, jusqu'à ce qu'il trouve le moment favorable pour tout envahir; que de même Philippe s'est fait chef de la ligue grecque, il s'est fait chef de la Sainte-Alliance. Ne se présentera-t-il pas chez nous un Démosthène aussi éloquent et plus heureux qui montrera le danger et enseignera le remède ?

Mais le danger n'est-il pas connu ! Les états du nord que les Huns, les Sarmates, les Scythes, avaient abandonnés pour venir chercher des climats plus heureux, se sont repeuplés, et leurs nombreux guerriers menacent de nouveau l'Europe.

Pierre en civilisant les Russes, ne les a rendus que plus formidables, ils ont surtout appris la politique européenne; leurs conquêtes sont plus lentes et plus systématiques, mais elles n'en sont que plus assurées. Chaque souverain a ajouté de nouvelles provinces à l'empire (1). En même temps qu'ils reculent leurs frontières, ils augmentent leur population intérieure (2), ils peuplent les déserts et dessèchent les marais; leurs conquêtes s'étendent sur la nature comme sur les nations, et la rapidité de leur accroissement s'augmente en raison de leur masse.

S'ils ne tombent plus du nord, comme les avalanches entraînant tout sur leur passage pour venir se briser sur le sol qu'ils couvrent de débris, ils s'étendent chaque année comme les glaciers des Alpes qui menacent d'envahir les vallées.

Le danger des invasions peut même se renouveler. Les Russes peuvent, si leur politique l'exige, inspirer l'esprit d'émigration et de conquête à ces peuples nomades, que rien n'attache au sol où ils vivent, pour qui rien ne marque le lieu où ils sont nés. Ils peuvent à leur volonté vomir sur l'Europe ces cavaliers infatigables et dévastateurs, et les appuyer de leur nombreuse infanterie. A ces moyens de force, déjà si puissans, leur laisserez-vous ajouter ceux qu'ils tireraient de la conquête de la Turquie? Combien leur donnerait de ressources l'agrégation de plusieurs millions d'hommes de population slave, dont beaucoup vivent indépendans de la Porte, et qui

---

(1) Alexandre, qui avait hérité de trente-six millions d'âmes, en a laissé cinquante-cinq.

(2) M. Dupin dit qu'ils ont un accroissement annuel de douze cent mille âmes.

seraient bientôt forcés de suivre les drapeaux du conquérant ? Quels peuples feraient de meilleurs soldats que ces Albanais belliqueux, qui vont partout cherchant du service ; ces vigoureux montagnards Macédoniens, ces bergers de Thrace, ces Serviens, ces Monténégrins toujours guerroyans, et dont l'esprit remuant ne demande qu'une direction pour devenir funestes à leurs voisins ? Quelle excellente infanterie légère pour appuyer et seconder l'infanterie russe si compacte.

Combien leur marine deviendrait dangereuse s'ils pouvaient fermer les portes de la mer Noire ? Déjà leur pavillon domine sur quatre mers, ils sont seuls dans la mer Caspienne (1) et la mer Blanche, ils sont les plus forts dans la Baltique et dans la mer Noire ; elle ne serait plus qu'une rade pour eux s'ils étaient maîtres du Bosphore, et ils acquerraient des ports dans l'Adriatique ; ne seraient-ils pas alors les dominateurs de la Méditerranée tout entière. Déjà ils veulent profiter de la guerre pour se faire un établissement dans une des îles de l'archipel. Le devons-nous souffrir ? En supposant que l'Europe coalisée puisse encore leur résister, ne connaît-on pas tout le désavantage des coalitions contre un seul ennemi, c'est le serpent à plusieurs têtes et le serpent à plusieurs queues.

Non, il est impossible aux moins clairvoyans, aux plus apathiques, de nier les dangers qui menaceraient l'Europe si la Russie s'établissait en Turquie : comment alors renverser ce colosse qui, les pieds scellés dans la glace, étreindrait l'Europe de ses bras allongés, et aurait pour la

---

(1) Dans leur dernier traité avec la Perse, il a été dit que, seuls, ils auraient des bâtimens de guerre sur cette mer, *selon l'ancien usage.*

combattre les ressources de la civilisation et les forces de la barbarie.

On fera, je m'y attends, de nombreuses objections ; d'abord la modération de l'empereur Nicolas; il ne veut nullement faire de conquêtes, il l'a dit, il l'a promis.

Ici, Messieurs, votre intervention fait ressortir l'un de ses avantages, la diplomatie est polie, très polie, elle ne peut pas dire : vous mentez, nous ne croyons pas à vos protestations, à votre modération; vous voulez nous tromper. Vous, Messieurs, vous pouvez tout dire; rappelez-vous que vous n'êtes pas des courtisans, mais les députés du peuple; soyez francs, même rustiques, s'il le faut, les ménagemens diplomatiques ne sauraient vous convenir : si vous ne croyez pas à la modération de Nicolas, à ses promesses, vous pouvez, vous devez le dire. Et comment y croiriez-vous? N'a-t-il pas déjà violé celle qu'il avait faite de ne pas faire agir ses flottes dans la Méditerranée sans notre assentiment; promesse qui n'était que la conséquence du traité du six juillet et de notre coopération à Navarin. Que veulent dire d'ailleurs ces demandes si vagues? Une indemnité pour des frais de guerre avant qu'elle ne soit faite. C'était ainsi qu'agissaient Attila et les autres barbares sortis de la Scythie; Nicolas veut-il reprendre leurs alures? rançonner les états? Oui, nous le savons, les Russes font payer leurs victoires; montrons-leur donc qu'après avoir donné notre or, il nous reste l'épée de Brennus pour faire pencher à notre gré la balance où ils veulent peser la rançon des nations. Et si la Turquie ne peut la payer cette rançon, que fera la Russie? elle l'occupera provisoirement.

Que veulent dire aussi ces *garanties suffisantes pour la liberté de la mer Noire*, sinon qu'elle veut s'emparer ou au moins détruire les Dardanelles et les châteaux du Bosphore. N'est-il pas évident que leur seule destruction lui donnerait déjà un immense avantage en attendant qu'elle les ait reconstruits à son profit. Les exigences de la Russie sont donc trop vagues pour que l'on puisse croire à la sincérité de ses promesses. Si elle était sans ambition, pourquoi aurait-elle refusé une médiation amicale? Si elle ne veut rien prendre pourquoi donc une guerre si coûteuse? Ne passait-elle pas les Dardanelles à son gré, il y a deux ans, avant ses aggressions? Et d'ailleurs, si c'est un droit que l'antique usage, comme elle l'a imposé à la Perse, celui d'avoir, seule, des vaisseaux sur la mer Noire n'appartiendrait-il pas à la Turquie, car il n'y a pas long-temps que les Russes connaissent ces rivages.

Catherine aussi parlait de sa modération; toujours les Russes ont affecté cette vertu, et certes ils en avaient besoin, car la Suède, la Pologne, la Turquie, la Perse, déposeront difficilement en leur faveur. Et que nous importe ici le caractère du souverain? Ou il est ferme, alors il est probablement ambitieux; ou il est faible, et se laissera dominer par l'esprit de sa cour et de son cabinet: on sait quelles sont depuis cent ans les vues de ce cabinet. Que l'on examine la conduite de la Russie; pourra-t-on s'empêcher de voir qu'elle a continuellement tendu à s'agrandir par la guerre et la paix. Est-ce par modération qu'elle a envahi tous ses voisins? Est-ce par modération qu'elle met dans tous ses traités de paix des sujets de guerres nouvelles? Est-ce par modération et bonne foi qu'elle prétend sous des motifs d'humanité et de religion protéger les sujets des autres puissances? Elle a garanti aux Valaques et aux Moldaves leurs constitutions; principe que l'Europe entière doit repousser, car un peuple ne doit avoir qu'un souverain. Elle s'est dans le dernier traité avec la Perse portée la protectrice des Arméniens catholiques, et a par là attiré sur eux les soupçons et les mesures sévères du sultan. Non contente de protéger les sujets chez des peuples, barbares elle appuie les apostoliques d'Espagne; elle a soutenu les jésuites en France, et voudrait bien faire agir les catholiques d'Irlande. Ainsi toutes les religions lui sont bonnes pour exciter les peuples contre leurs souverains. Elle a même, dit-on, fourni des moyens au fanatisme des janissaires de Constantinople et de Bosnie. Si l'autocrate est si tolérant, n'a-t-il donc rien à faire pour améliorer le sort de ses sujets juifs et tartares? Voilà la bonne foi du Russe, voilà sa modération, son désintéressement. Ils ne veulent pas, dit-on, s'emparer de la Turquie! Mais depuis un siècle ne sait-on pas quel est l'objet de leur ambition; a-t-on oublié le *chemin de Byzance?* a-t-on oublié le nom de *Constantin?* Personne n'a mis en doute leurs désirs lorsqu'ils étaient en paix, et c'est lorsqu'ils font la guerre qu'une honteuse pusillanimité voudrait se persuader qu'ils sont sans ambition.

Il est une autre réponse facile à prévoir; ce langage eût été bon, il y a six mois, dira-t-on, lorsque l'on croyait la Turquie en danger; mais à quoi bon maintenant intervenir dans une querelle où deux puissances s'affaiblissent? Les événemens n'ont fait que montrer la sagesse de notre diplomatie qui a sû ménager nos ressources. Il ne faut pas que notre diplomatie se vante de prévisions, qu'elle seule aurait eues; son inquiétude était visible, et la demande d'une allocation de quatre-vingts millions suffit pour la prouver. Presque tout le monde croyait aux succès des Russes, et l'on ne discutait guère que sur le plus ou moins de résistance qu'il leur faudrait vaincre. Sur quoi cette opinion était-elle fondée? sur l'énorme disproportion des moyens que présentaient les deux puissances.

D'un côté, les ressources qu'offrent cinquante-cinq millions d'habitans tous enflammés de fanatisme, d'ambition, et de la soif du pillage; croyant marcher à une conquête facile. Une armée nombreuse disciplinée, aguerrie, dont une faible fraction avait facilement battu les Persans dans toutes les rencontres; cette armée approvisionnée et soutenue par une marine supérieure, une artillerie excellente, des officiers instruits venus de tous les pays, des généraux expérimentés, enfin une armée propre à la guerre si jamais il en fut.

De l'autre, moins de trois millions d'habitans mal soutenus par quelques renforts venus des pachaliks peu soumis de l'Asie qui n'envoient qu'à contre cœur de faibles contingens d'hommes peu guerriers. Un pays déjà épuisé par l'insurrection grecque, des partis exaspérés dans l'intérieur, une réorganisation militaire récente et détestée, plus de marine depuis Navarin, l'habitude d'être battu par les Russes, et l'inconvénient d'une nombreuse population grecque qu'il faut contenir contre l'amour du pillage, si ce n'est contre celui de l'indépendance. Pouvait-on croire que la différence de génie et de caractère des souverains, que l'on ignorait encore, rétablirait l'équilibre entre des forces si inégales? Mais quels que soient le courage et les ressources morales du sultan, ils ne peuvent suppléer aux moyens physiques que lui refusent ses états. La dernière campagne a dû exiger de grands efforts, et par conséquent lui ôter des ressources pour la campagne prochaine; sans doute ses troupes seront mieux exercées, plus aguerries, plus disciplinées; elles auront pris surtout plus de confiance en elles et dans leur nouvelle tactique, mais il recrutera difficilement son armée, et surtout il réparera avec bien de la peine le vide immanquable du matériel, des chevaux, des munitions de guerre et de bouche.

Il ne dispose pas, comme le czars, d'un crédit illimité chez nos banquiers, et si la France et l'Angleterre ne lui accordent quelques subsides, il aura bientôt épuisé les ressources qu'il peut tirer d'un pays mal administré. L'empereur Nicolas au contraire a pu faire des fautes, mais il n'est pas, dit-on, sans moyens; on avait toujours vanté ses connaissances et son courage, sans doute, ces qualités ne constituent pas le génie; mais s'il a suivi de mauvais conseils; une marche désastreuse, il n'a perdu que du temps; c'est peu de chose si nous ne le mettons à profit; sa plus grande faute est d'avoir compté sur un succès trop facile : il peut la réparer; cette faute même a ménagé ses ressources; les hommes, le matériel ni l'argent ne peuvent lui manquer.

Que l'on observe d'ailleurs que ce que l'on appelle une défaite n'est qu'un demi-succès; on compte pour rien la possession des principautés, parce qu'elles n'ont pas été défendues; mais la Porte est aussi incapable de les reprendre seule, qu'elle l'était de les défendre; et cette position de la rive gauche du Danube est d'un grand avantage pour préparer une nouvelle campagne; déjà même, dit-on, les Russes y font des levées d'hommes. Si Braïlow, Varna et quelques autres places leur ont coûté cher, du moins ils en sont maîtres; ils peuvent, l'année prochaine, éviter Chumla, et faire dépendre la campagne d'une affaire que les Turcs ne pourront plus éviter; nul doute que les Russes se présenteront cette année avec des chances infiniment plus favorables. Comment surtout les Turcs pourront-ils résister, si le czar se décide à appuyer ouvertement la révolte des sujets que jusqu'à présent il n'a fait qu'exciter secrètement? Un écrivain célèbre prétend que cette guerre coûtera plus à la Russie qu'elle ne lui vaudra, que la possession du pays sera un embarras pour elle. Il croit y voir une autre Espagne; mais il oublie que le bas-peuple, qui est l'élément des guerres nationales et prolongées, est en Turquie ennemi du gouvernement; que la population mahométane est infiniment moins nombreuse que la population grecque, et qu'elle ne domine que dans quelques villes dont une armée régulière vient toujours à bout avec de l'artillerie et la famine. Si les Russes balaient tous les corps turcs jusque devant Constantinople, les individus isolés loin d'inquiéter leurs derrières et leurs flancs, seront massacrés par les Grecs. L'Albanie et la Bosnie sont les seules provinces qui puissent prolonger leur résistance; mais on peut les négliger et les contenir facilement. Si donc une fois les Russes sont vainqueurs, loin que l'occupation de la Turquie leur soit onéreuse, ils y trouveront aussitôt des ressources pour combattre les puissances qui voudraient exiger cette modération tant promise. Quand l'Europe coalisée obtiendrait d'eux l'évacuation du pays, il resterait complètement dépourvu de défense, et ils pourraient profiter de la première chance que leur offrirait une division entre les états européens pour s'en emparer. Vainement nous voudrions alors rétablir une puissance nécessaire à l'équilibre de l'Europe. La nation turque n'existerait plus, et les Serviens, les Moldaves, les Valaques et les autres Grecs de Romélie et de Macédoine n'ont aucune des vertus nécessaires pour constituer une nation; ce sont les Grecs du Bas-Empire, moins leur civilisation.

Comment peut-on comparer les frais de cette guerre aux résultats que le succès procurerait à la Russie? Qu'est-ce que cinq cent mille hommes pour elle, qui en aguerrirait cinq cent mille autres? Quand la guerre lui coûterait un milliard? Quels immenses avantages commerciaux lui donnerait la possession de Constantinople, quelle augmentation pour ses domaines, que la presque totalité du territoire qui, après l'extermination des Turcs, appartiendrait en propre au gouvernement? On veut toujours voir cette guerre semblable à celles que nous avons faites ; elle ne leur ressemble en rien, bien moins encore par ses résultats que par ses chances.

Sans doute, si les Turcs sont vainqueurs, nous aurons mieux fait de ménager notre sang et notre argent ; mais c'est résoudre la question par la question, c'est courir des chances que nous pouvons éviter, c'est nous en remettre à d'autres du soin de nos intérêts, lorsque nous ne devrions nous en fier qu'à notre courage.

Beaucoup de personnes voient dans l'Angleterre un motif pour s'opposer à cette intervention ; les unes la présentent comme étant toujours le véritable ennemi que nous devons chercher à abaisser, les autres, comme seule intéressée dans la querelle.

Pour savoir qui de l'Angleterre ou de la Russie est l'ennemie de la France, il faut consulter non plus de vieilles haines nationales, mais laquelle des deux puissances est intéressée à nous envahir ou à nous dominer, en un mot à nous nuire.

Les peuples ont toujours employé deux moyens pour s'enrichir : l'industrie et la force ; tous ont eu plus ou moins d'industrie ; elle est indispensable, ne serait-ce que pour fabriquer ses armes. Mais quoiqu'elle ait souvent augmenté les forces d'un peuple et ses moyens de conquête, l'histoire nous montre que les peuples essentiellement conquérans l'ont presque toujours négligée.

Toujours ces deux principes sont dans chaque état ; mais l'un d'eux y domine, et l'on peut appeler peuple industriel, celui chez lequel cet intérêt est considéré avant tout, et peuple conquérant, celui qui ne fait de l'industrie qu'un moyen, et qui, la regardant comme secondaire, est toujours prêt à la sacrifier. On doit encore observer que généralement le peuple est intéressé à l'industrie, et le gouvernemen, l'armée, et tout ce qui en dépend est intéressé à la guerre ; les succès profitent à ceux-ci, et le peuple paie les revers. De là, les peuples les plus industriels, et les pays où la nation fait entendre sa voix, comme en Angleterre, devront désirer la paix ; et l'on sera porté à la guerre, là où le peuple est compté pour rien, où tout ce qu'il y a d'influence est dans l'armée et le gouvernement, et se promet un accroissement de richesse par la guerre, comme un terme à son oisiveté et à son ennui : la Russie est dans cette position. Mais, dira-t-on, ce n'est pas seulement comme nation guerrière et voulant nous dominer par la force, que l'Angleterre peut nous nuire, c'est surtout en paix, c'est par la prépondérance de son industrie. Je pense que cette idée, trop généralement reçue, est une erreur.

Quel est le but que les gouvernemens doivent se proposer ? N'est-ce pas le bonheur du peuple et par conséquent son aisance ? Si la richesse est relatvive, l'aisance est positive ; si le peuple est bien nourri, bien logé, bien vêtu, bien chauffé, s'il ne travaille que huit heures au lieu de douze, n'aura-il pas un bien-être réel, indépendant de la situation du peuple anglais ? Et bien loin de nuire à ce bien-être des Français, je ne crains pas d'affirmer que la prospérité de l'Angleterre y contribue, comme la nôtre contribue à la sienne par un échange des productions que le sol, le climat, ou le génie des peuples peut donner à chacun d'eux. Que l'on suppose l'Angleterre abîmée sous les eaux, je ne doute pas que les conséquences d'un tel fait bien calculées ne soient funestes à la France.

Une observation qui montrera de quel côté doit se porter notre méfiance, c'est que lorsque les états conquérans tendent toujours à s'agrandir avec d'autant plus de force qu'ils sont déjà plus puissans, comme s'ils étaient mus par les lois de la gravitation, la richesse que procure l'industrie semble au contraire tenir de la nature des liquides et chercher constamment son niveau. Ainsi, la richesse d'une nation est un puissant motif pour que son argent s'écoule chez ses voisins : les capitaux trop abondans ne trouvant plus d'emploi, iront encourager et soutenir l'industrie de la nation rivale; le haut prix de la main d'œuvre ne sera plus compensé par la supériorité des moyens mécaniques; enfin, ceux de ses habitans qui auront une fortune acquise, iront la dépenser dans des pays où la vie étant moins chère, ils pourront doubler leurs jouissances. On voit que ces moyens puissans de rétablir l'équilibre agiront avec d'autant plus de force que l'on en sera plus éloigné, et il est certain qu'ils ne tarderaient pas à le rétablir complètement entre deux nations également industrieuses; mais il serait absurde de prétendre qu'un peuple paresseux et irréfléchi puisse être aussi riche que celui qui est intelligent et laborieux. Ainsi d'une part, la supériorité industrielle de l'Angleterre a des bornes indépendantes des événemens; de l'autre, nous partageons ses conquêtes pacifiques, par des échanges que nous faisons avec elle, et par l'imitation de ses procédés. Je ne doute pas que d'après les progrès que les peuples et les gouvernemens ont faits dans les vrais principes de l'économie politique, ils ne s'applaudissent et ne soutiennent les progrès industriels des autres nations, loin de s'en montrer jaloux, comme ils l'ont fait trop long-temps, et loin de vouloir obtenir par la force, ce qui ne doit l'être que par le travail et les progrès de la civilisation. La reconnaissance de ces nouveaux principes est surtout voulue par l'émancipation de l'Amérique, qui, détruisant un immense monopole, change complètement le système colonial et commercial, et doit nous procurer le bonheur de perdre nos colonies, si nous n'avons pas le bon esprit de les émanciper.

Il me semble donc démontré qu'il ne doit pas exister d'inimitiés entre les nations rivales en industrie, pas plus qu'entre celles qui luttent pour se surpasser dans les sciences, dans les arts, dans les lettres. Et qu'au contraire il ne peut y avoir ni alliance, ni paix durable, avec les conquérans, souverains ou nations; après s'être coalisés pour se partager un état voisin, ils doivent se faire la guerre quand ils sont limitrophes, car les conquérans, pas plus que les torrens, ne peuvent s'arrêter, tant qu'il reste de l'espace au-dessous d'eux.

Mais l'Angleterre est-elle plus intéressée que nous dans la querelle? Devons-nous lui laisser le soin d'arrêter l'ambition de la Russie? Sans doute, l'indépendance de l'Europe menacée touche l'Angleterre; mais moins que tout autre état, ce n'est qu'au travers de la France que les armées russes pourraient la subjuguer. Son langage pourrait être fier, sa politique indépendante, tant que cette barrière subsisterait. Ainsi, sous ce point de vue, qui est le plus pressant, nous sommes plus intéressés qu'eux à rabaisser la Russie, comme l'Allemagne l'est plus que nous.

Pour ce qui est de l'accroissement que prendrait le commerce russe dans la Méditerranée, nous le sommes également plus qu'eux; mais il est un autre intétêt qui appelle toute l'attention de l'Angleterre : ce sont ses possessions des Indes, menacées par les invasions de la Russie dans l'Orient. Sans doute, si ce danger existe, ce que j'ai peine à croire, vu la distance et les déserts qu'il faudrait traverser, l'Angleterre doit faire tous ses efforts pour le prévenir; mais sommes-nous complètement désintéressés dans cette question? Nous est-il indifférent que la possession de ces riches provinces passe de l'Angleterre à la Russie? Non, il est évident que si aux moyens de force que possède la Russie, elle joignait ceux que donne un commerce florissant et la prépondérance maritime, qui en est la conséquence, il nous serait beaucoup plus difficile de lui résister. L'Angleterre n'est puissante que par ses flottes et son crédit. Joignez ces forces à celles qu'un souverain absolu tire de soixante millions de barbares, et il n'y a plus d'indépendance pour l'Europe.

Au contraire, les Indes doivent finir par s'émanciper d'elles-mêmes, et ce fait serait d'un grand intérêt pour les autres nations, sans peut-être nuire à l'Angleterre, ainsi qu'elle l'a éprouvé, lors de l'émancipation de l'Amérique. Nous sommes donc vivement intéressés à ce que la Russie n'enlève pas les Indes aux Anglais. Que l'on observe encore que pour les Anglais c'est une question d'argent; il est donc naturel qu'ils calculent ce qu'il leur en coûterait aujourd'hui, pour éviter les chances incertaines d'une perte éloignée. Pour nous, c'est une question de vie; si les craintes sont fondées, nous ne devons rien calculer. Il n'y a rien de plus économique que la victoire, disait Napoléon, il n'y a rien de plus coûteux que la domination de l'étranger.

Il est un autre point que je n'ose aborder, tant je trouve ridicules et barbares les opinions que je suis forcé de combattre. Je veux parler de la haine aveugle qui existe contre les Turcs. Si j'en parle ici, Messieurs, ce n'est pas que je pense que des hommes éclairés comme vous, puissent partager ce préjugé, mais en m'adressant aux représentans de la nation, je dois répondre à tous les motifs qui ont de l'influence sur elle.

Cette haine a pris sa source dans le fanatisme. Elle s'est transmise d'âge en âge, avec les contes de nourrices, on l'a sucée avec le lait, et elle subsiste chez beaucoup de personnes qui ne sont pas même religieuses, et qui ne conviendront sans doute pas d'avoir hérité de leurs ancêtres d'une haine qui remonte aux temps des croisades.

Un autre motif puissant est l'amour des Grecs; leur cause a été embrassée avec une ardeur qui s'explique par nos souvenirs de collége, nous connaissons leur histoire mieux que la nôtre; les actions et les paroles de Thémistocle, d'Epaminondas, de Socrate, nous sont plus familières que celles de Duguesclin, de l'Hopital, de Descartes, leurs belles actions ont charmé l'ennui de nos études; et c'est d'eux que nous avons appris à aimer la liberté; les idées de liberté et de Grèce ne peuvent se séparer dans notre esprit, car nous laissons leur histoire là où commence leur servitude; et aujourd'hui qu'ils réclament de leurs dominateurs actuels ce droit imprescriptible de tout homme à la liberté, de toute nation à l'indépendance, nous oublions que la liberté ne leur fut pas enlevée par Mammoud ni même par Mahomet II, mais par Philippe; et qu'il y a plus de deux mille ans qu'ils ont perdu cette indépendance. Certes, si la liberté pouvait se prescrire jamais elle le serait bien pour eux; mais il n'en est pas ainsi, tout peuple qui se sent digne de l'indépendance, qui a été retrempé par le malheur, peut la réclamer; mais du moins on ne doit pas s'étonner que le souverain qui possédait le pays, ait défendu ses droits; on ne doit pas s'étonner qu'entre deux peuples à demi civilisés qui combattent pour le sol qui les nourrit, il se soit commis des actes de vengeance et de barbarie : tout en faisant des vœux pour les uns, on devait s'abstenir de haïr les autres. Mais le cœur humain ne sait pas se guider par la raison, l'amour mène à la haine, la pitié à la cruauté; et l'être le meilleur devient souvent méchant par excès de bonté.

Enfin, grace à l'intervention, les malheurs des Grecs sont finis; ils n'ont plus rien à craindre des Turcs; leurs corsaires peuvent même, à la suite de nos flottes, piller les bâtimens qui vont approvisionner Constantinople. Peut-être avons-nous pour eux abandonné bien des principes, celui de l'équité et de la justice; lorsqu'intervenant si inégalement dans la querelle, nous souffrons leurs attaques au dehors et empêchons celle des Turcs; lorsqu'au grand scandale de l'histoire, nous acceptions la proposition de Thémistocle, qu'avait fait rejeter Aristide, de brûler une flotte amie. Pour eux les princes ont renoncé aux principes de la légitimité, proclamés par la Sainte-Alliance, et suivis, au prix du sang, à Naples, Turin, Madrid. Pour eux, les amis de la liberté ont oublié le principe de la non-intervention armée dans les affaires intérieures d'un pays; principe vrai et juste, qui doit être la base de toute politique et de l'indépendance des états. Nous avons oublié les principes d'économie, nous leur avons donné des vivres qu'ils vendaient à leurs ennemis, tandis que nous nous consumions en un blocus inutile. Nos meilleurs officiers se sont vainement efforcés de les former en une discipline indispensable pour leur défense; enfin, nous leur avons rendu une indépendance que leur vénalité, leur mauvaise foi, leur haine pour toute loi, toute règle, les eût toujours empêchés, de reconquérir.

Le fait est consommé, avec lui ne verra-t-on pas la fin de cette haine pour les Turcs? Entendra-t-on encore ces paroles aussi absurdes que barbares : il faut les renvoyer en Asie; comme si on renvoyait ainsi un peuple de l'autre côté des mers. Ne se rappelle-t-on pas l'expulsion des Maures d'Espagne, celle des Juifs du Portugal, celle des protestans de France? Ces expulsions ne nous présentent-elles pas l'image des malheurs les plus affreux? N'a-t-on pas peint sous les couleurs les plus sombres, le renvoi de quelques milliers d'Arméniens de Constantinople, tous marchands;

que serait celui de trois millions de propriétaires ? Et ce sont des personnes qui se croient humaines, qui souhaitent, qui proposent une semblable atrocité ! Quel motif en donne-t-on ? Ce sont des barbares qui ne pourront jamais se civiliser. Mais alors, si nous les chassons d'Europe pour ce motif, il faudra les chasser de toute la terre ; car je ne comprends pas cet amour-propre européen. Chasserons-nous donc aussi les Serviens, les Monténégrins, et tous les autres peuples plus barbares que les Turcs ? Si par barbares nous voulons dire cruels, nous le serions plus qu'eux ; si nous voulons dire ignorans, faudra-t-il dorénavant que les peuples subissent un examen pour avoir la permission de rester dans ce qu'il nous a plu d'appeler Europe, que nous prétendons être le pays de la civilisation. Il serait plus facile de changer les cartes et de condamner la Turquie à faire partie de l'Asie. Et à quoi nous servent donc ces études philosophiques dont nous sommes si fiers ; cette prétendue douceur de mœurs, cet amour des voyages, si ce n'est à nous rendre bons, humains, tolérans pour les étrangers que nous prétendons connaître. Qui nous dit qu'ils ne pourraient se civiliser ! Ce n'est pas leur religion qui s'y oppose : car les Arabes ont été le peuple le plus civilisé de la terre. Si nous avons reçu les arts de la Grèce, les sciences nous sont venues de l'Arabie : l'astronomie, la médecine, et surtout cette sublime invention du système décimal, sans lequel nous ne saurions pas plus de mathématiques que les Grecs et les Romains. Les Turcs eux-mêmes n'étaient-ils pas plus civilisés que les Européens à l'époque de la prise de Constantinople. Si depuis ils sont restés stationnaires ne peuvent-ils pas rentrer dans les voies du perfectionnement ? n'est-ce pas l'histoire de tous les peuples ? La France civilisée par les Romains n'est-elle pas retombée dans la barbarie sous la première race? n'a-t-elle pas fait quelques efforts heureux pour en sortir sous Charlemagne, pour retomber encore après lui? Enfin si depuis Louis XI ces progrès ont toujours été croissans, avons-nous pour cela le droit de dénier à d'autres peuples la faculté du perfectionnement qui est de l'essence de l'homme, ou de les exterminer comme retardataires; pas plus que nous n'avons celui de réduire les nègres en esclavage sous le prétexte d'une prétendue inaptitude. D'ailleurs les Turcs en se formant si promptement à la tactique européenne, répondent victorieusement à leurs ennemis, l'art militaire est une partie de la civilisation aussi importante, aussi difficile que les autres, et qui nécessite l'étude des sciences, de l'histoire et la connaissance des autres peuples.

Par la réforme des janissaires, le sultan a rompu la barrière qui s'opposait aux innovations, comme fit autrefois Pierre par celle des strélitz. La Turquie en passant par le despotisme arrivera à la véritable liberté ainsi qu'ont fait toutes les nations.

Les motifs d'humanité qui nous faisaient combattre les Turcs en faveur des Grecs n'existent plus, leur émancipation est consommée de fait, et les mêmes motifs qui nous intéressaient pour ceux-ci, nous sollicitent maintenant pour les premiers, nous devons donc changer de parti pour être fidèles à nos principes.

On demandera sans doute de quelle manière la France pourrait influencer les événemens et faire agir ses armées. Ceci, Messieurs, n'est pas de votre compétence, ce qui tient à l'exécution appartient aux ministres du roi. Vous n'avez à vous en occuper que pour répondre à de prétendues impossibilités que l'on pourrait vous objecter. Vous devez exiger que la France se déclare, et d'une manière positive, parce qu'il n'est pas de sa dignité de se mettre à la suite de la politique des autres puissances, parce que sa position géographique est la plus avantageuse. La France en prenant l'initiative ne manquerait probablement pas d'alliés; supposons pourtant qu'elle soit seule, alors pas de guerre continentale; elle aurait la gloire de sa démarche courageuse sans en courir les chances, semblable à un preux qui demande un champ clos et n'en peut obtenir. Mais elle agirait avec ses flottes, et il faut espérer que dans la Méditerranée notre marine pourrait lutter avec avantage contre celle des Russes. Nous pourrions nétoyer cette mer, faire passer une flottille dans la mer Noire et y influencer les événemens. J'aime à rendre cette justice au ministère que dans l'expédition de Morée il n'a pas eu un but purement sentimental, il aura voulu s'approcher du théâtre de la guerre pour être préparé aux événemens et pouvoir occuper les Dardanelles, pour ne pas laisser les Russes s'emparer de ce poste important s'ils venaient à menacer Constantinople. C'est ainsi que cette expédition fut approuvée de tous, parce que chacun la comprenait dans l'intérêt de sa politique ou de ses affections; notre petite armée pourrait maintenant entrer dans la mer Noire et menacer les côtes de la Russie. Nous pourrions lui chercher des ennemis en Asie, fournir des armes aux peuplades du Caucase, appuyer les Turcs d'Arménie, engager la Perse à rentrer dans la querelle et à venger ses récentes injures, nous pourrions fournir à ces peuples des officiers pour les diriger (1). Mais il n'est pas probable

(1) Lors de l'expédition de Morée, je proposai au ministre de la guerre, de former une compagnie de volontaires; l'un des motifs, était de faire connaître à de jeunes Français la langue et les mœurs de l'Orient, et de les encourager à y aller prendre du service.

que les autres puissances nous laissent intervenir seule. L'Angleterre est aussi intéressée que nous, et joindrait ses flottes aux nôtres, et son influence dans le Levant. Alors les flottes des deux nations réunies suffiraient et au-delà, et cette guerre maritime ne leur demanderait aucun nouvel armement. J'ai dis plus haut que l'Autriche était la première menacée par l'agrandissement de la Russie : si elle ne s'y est pas opposée ouvertement, c'est parce qu'elle était trop exposée par sa position ; nul doute qu'elle ne se déclare si elle peut compter sur un appui efficace de notre part, alors la guerre devient continentale. On prétend que les souverains de Prusse et des Pays-Bas sont disposés à appuyer la Russie. Mais nous ne sommes plus au temps où des alliances de famille peuvent balancer les intérêts du pays. Ces intérêts seraient sentis par la masse de la nation, et ces souverains seraient sans force pour soutenir une cause contraire à l'indépendance des peuples et des trônes ; toutes les nations de l'Europe sont intéressées à l'équilibre des états, toutes devraient tôt ou tard entrer dans l'alliance. Nous aurions encore d'autres moyens d'action que l'on ne devrait pas négliger. L'Europe en 1815 a fait au nom de la Sainte-Trinité, un traité d'après lequel tout devait rester dans le statu-quo ; mais ce traité comprenait même les puissances qui n'y avaient pas adhéré, la Russie en s'agrandissant aux dépens de la Perse et de la Turquie, sort du statu-quo, elle a donc rompu le traité : d'ailleurs il faut voir la question dans toutes ses conséquences, la Russie victorieuse menace notre indépendance, pourquoi donc ménagerions-nous l'intégralité de son territoire. La question est vitale, que chacun accepte le *væ victis!*

Sans doute je désire et j'espère le maintien de la paix, mais quel Français ne sent battre son cœur, ne sent son courage s'enflammer à l'idée de rendre l'indépendance aux braves Polonais; ceux-ci n'ont pas prescrit par deux mille ans d'esclavage, il existe encore des compagnons de Kosciusco. Ils ont protesté contre leurs dominateurs chaque fois qu'il leur a été possible de le faire, et comme pour conserver ce feu sacré de la liberté, ils ont été la défendre dans toutes les parties du monde, partout l'indépendance des peuples a eu des Polonais sous ses drapeaux, et jamais la cupidité n'a pu les acheter. Oui, je ne crains pas de le dire, ce serait avec une secrète joie que la France verrait rejeter ses propositions, et commencer une guerre où l'indépendance polonaise serait le prix de la victoire. Aussitôt qu'une alliance nous donnerait des chances de succès, l'affranchissement de ce peuple généreux devrait être proclamé avec l'engagement de ne pas poser les armes qu'elle ne soit accomplie; son rétablissement me semble si utile à l'Europe que je ne doute pas que l'Autriche ne consentît avec joie à restituer la Gallicie, cette politique serait plus sage que celle qui lui ferait accepter une partie des dépouilles de la Turquie; elle pourrait au reste en trouver un équivalent si la Porte consentait à céder ses provinces transdanubiennes? l'Autriche et la Pologne, ou l'une des deux pourrait recevoir un agrandissement de territoire jusqu'à la mer Noire. La Turquie aurait l'avantage d'être séparée de la Russie, ce qui serait un motif de sécurité pour l'Europe; et les états ainsi agrandis acquerraient un débouché pour leur commerce par les ports sur cette mer, l'Autriche surtout qui aurait alors toute la navigation du Danube. Si l'Autriche ne pouvait recevoir de territoire en échange, elle pourrait voir l'équivalent de son sacrifice dans les subsides que les autres puissances accorderaient à la Pologne pour la constituer. Mais la Pologne n'est pas le seul voisin envahi par la Russie, la Finlande devrait aussi être rendue à la Suède et appeler de sa part une coopération vigoureuse. Ses frontières devraient repasser le Caucase; ses flottilles seraient réprimées sur la mer Caspienne, et les progrès des Persans dans la civilisation seraient secondés. Enfin les Tartares qui détestent sa domination, les Cosaques qui la supportent à regret, pourraient bien réclamer leur indépendance, et la Russie redevenir l'empire des Ivans. Alors rien ne serait perdu pour la civilisation; le czar, maître d'un état encore plus grand que la France, pourrait chercher sur les traces de Pierre une gloire plus durable et plus douce que celle que lui donneraient les conquêtes.

En parlant des moyens de réussite que nous offrirait la guerre, je ne suppose pas qu'une imprudente résistance des Pays-Bas ou de la Prusse puisse réveiller notre ambition, je souhaite que notre gloire soit pure et désintéressée, que nous éloignions de notre pensée toute idée d'agrandissement; mais que ces princes, par une conduite impolitique, se gardent de réveiller des souvenirs, et de nous forcer d'user des moyens que nous aurions contre eux.

Quant aux opérations militaires, la campagne de 1812 ne doit pas nous effrayer, elle fut le résultat d'une suite de fautes inspirées à Napoléon par la présomption, il ne faisait la guerre qu'en attendant qu'on lui demandât la paix, cette attente a causé sa perte; il comptait plus sur son influence morale que sur son armée; et son mépris pour les hommes a été là comme partout la cause de ses revers. D'ailleurs le temps des guerres stratégiques est passé; les leçons de Napoléon ne suffisent pas pour former des élèves. Pour réussir dans ces opérations grandioses il faut le génie qui les fait concevoir, la rectitude qui les sait calculer, la force de volonté qui sait surmonter les obstacles; il faut de plus inspirer aux soldats, et surtout aux chefs, cette confiance qui fait exécuter la victoire parce qu'elle a été commandée; sans elle, la marche des colonnes est incertaine, les combinaisons sont manquées, et un ennemi impassible reste vainqueur d'une ambition trop audacieuse : il faudra sans doute revenir à un système plus conforme à la taille ordinaire des généraux.

Ces considérations sur les moyens et la possibilité de la guerre ne sont émises, je le répète, que pour répondre à des gens qui, effrayés par un désastre, croient la Russie invincible. Tout ce qui tient à l'exécution doit être laissé au gouvernement.

Pour vous, Messieurs, prenez du sénat romain cette force de volonté qui lui a fait surmonter tand'obstacles, et qu'aucun sacrifice ne vous coûte pour soutenir le ministère dans la route où vous l'aurez lancé. Vous devez sentir encore ici toute la nécessité de votre intervention. Comment les étrangers auraient-ils confiance dans l'alliance de notre ministère, s'ils ne le savaient soutenu et excité par l'opinion de la nation, exprimée par ses représentans? Comment les sujets de la Russie oseraient-ils secouer le joug, si les secours de la France étaient subordonnés à des allocations incertaines de budgets?

En entrant dans le système représentatif il faut en voir toutes les conséquences; l'une des plus immédiates est l'obligation de la chambre des représentans de donner l'impulsion dans les grandes occasions: en méconnaissant cette nécessité, en négligeant cette prérogative, vous manqueriez également au peuple et au gouvernement, qui ne peut plus faire de grandes choses qu'avec votre appui.

Quant aux bases de la paix, elles me semblent bien simples. Quelles puissances belligérantes rentrent dans le *statu quo ante bellum* : toute notre politique doit se borner à empêcher l'agrandissement de la Russie, et non à reconstituer la Turquie. Je dois ici répondre quelques mots à des politiques qui proposent de réduire la Turquie à la Roumélie, et de créer un certain nombre d'états indépendans. Les inconvéniens de ce système seraient de faire quelque chose de semblable à ce qu'est la fédération germanique. Jamais la Porte ne voudra renoncer à une espèce de souveraineté; jamais les Serviens, les Bosniaques, les Monténégrins, les Albanais, une fois émancipés, ne voudront vivre tranquilles; leurs guerres continuelles serviraient la Russie et agiteraient l'Europe. Il est bien difficile de donner une forme de gouvernement aux peuples que l'on connaît, à plus forte raison à ceux dont on ignore les mœurs et les usages. Il est plus sage et plus prudent de ne pas s'occuper des affaires intérieures de la Turquie; si le gouvernement parvient à ramener la civilisation, elle s'étendra peu à peu dans les provinces, il y rétablira l'ordre et y reprendra son autorité; si au contraire il échoue dans son entreprise, les troubles de la capitale relâcheront les liens avec les provinces; qui se trouveront émancipées naturellement. Les affaires de ce genre s'arrangent toujours mieux entre les parties intéressées qu'avec l'intervention des étrangers; dans ces débats intérieurs des peuples, tout entre dans la balance, le nombre, le courage, les vertus, les droits acquis et les droits naturels, enfin tout ce qui doit légitimement faire décider la question de l'un ou de l'autre côté. Un seul fait n'est pas légitime, c'est l'influence étrangère; l'appeler est un crime, l'apporter est un attentat.

Que votre volonté soit donc inébranlable, et que, jusqu'à ce que l'œuvre soit accomplie, semblable à Caton, qui ne descendait jamais de la tribune sans avoir répété: *et delenda est Carthago*, que votre opinion exprime toujours que la Russie doit être bornée dans son ambition.

Faut-il vous dire, Messieurs, de quelle manière vous

devez exprimer votre volonté. Il serait plus facile de dire ce que vous eussiez dû faire. Lorsque le ministère vous a demandé l'emprunt de quatre-vingts millions, c'était provoquer une décision forte de votre part. La discussion n'a roulé, ne pouvait rouler que sur les événemens d'Orient. Le ministère n'a pas dissimulé que c'étaient là les circonstances graves qui exigeaient toute sa sollicitude et un accroissement de force militaire. L'illustre rapporteur de la loi a prouvé la nécessité de notre intervention avec une éloquence digne des Scipions, comment n'a-t-on pas conclu en exigeant cette intervention? Pourquoi mettre cinquante mille hommes de plus sous les armes, si c'est pour attendre l'arme au bras la réponse à nos timides notes diplomatiques. Si notre intervention devait être tout officieuse, si ce n'était pas une signification de notre volonté, notre armée était toujours assez nombreuse, sa force faisait ressortir notre faiblesse. Il n'y a pas de honte pour une puissance de second ordre de ne pas maîtriser les événemens avec quarante mille soldats; mais il y en a pour la France de laisser faire avec trois cent mille ce qui la blesse évidemment. Les Chambres, pour répondre à la demande du gouvernement, devaient exprimer énergiquement leur volonté; elles devaient la mettre dans la loi, les quatre-vingts millions devaient être accordés *pour empêcher les Russes de passer le Pruth*, et les ministres eussent ainsi été responsables, non des événemens, mais des efforts qu'ils devaient faire. Ce mot eût retenti jusqu'en Russie, et eût été plus efficace pour le maintien de la paix que toutes les notes du ministère.

Le moment est passé, le ministère n'a plus qu'une responsabilité morale envers les générations présente et à venir qui retombera sur vous, Messieurs, si vous ne soutenez sa faiblesse : on a bien reproché à la France le partage de la Pologne, et elle n'avait pas de représentans pour exprimer la volonté énergique de la nation.

J'ai cru, Messieurs, devoir adopter la forme de pétition afin de ramener cette question devant vous et de provoquer une détermination conforme à l'honneur de la France. Si vous pensez qu'il est temps de mettre un frein à l'ambition de la Russie, vous ferez connaître au ministère votre opinion à cet égard, et votre détermination à faire tous les sacrifices nécessaires. Si le ministre qui tient le portefeuille des affaires étrangères ne partageait pas votre opinion, il devrait le quitter(1) pour conserver l'estime publique.

Si le ministère refusait d'entrer dans la voie que vous lui auriez indiquée, alors, comme en toute autre circonstance, vous n'auriez qu'un moyen, le refus du budget. Vous en retrancheriez les fonds alloués aux affaires étrangères, à la guerre, à la marine: toutes ces dépenses sont en pure perte si nous ne devons être d'aucun poids dans les événemens de l'Europe, si nous ne faisons entendre que l'expression de nos désirs, et non celle de notre volonté.

---

(1) Il serait bien à désirer que le ministre qui le remplacerait, ne fût pas pris parmi les diplomates qui ont représenté la France auprès des principaux cabinets de l'Europe. Lorsqu'un homme d'un caractère honorable est ambassadeur auprès d'une puissance, il doit chercher à capter la bienveillance des souverains et des ministres influens, mais il ne peut obtenir leur amitié sans la payer de retour. Ces sentiments sont utiles à la France, ils facilitent les rapports, ils maintiennent la bonne harmonie, mais cette préférence pour un cabinet serait dangereuse et funeste chez le ministre qui ne doit voir que les intérêts de la France, et qui ne doit être affectionné à aucune des cours avec lesquelles il doit traiter; trop souvent nous avons pris nos ministres en Russie, et quoique la politique de la France doive nous rapprocher de l'Angleterre, il n'est pas non plus à désirer que notre ministère soit influencé par aucun sentiment particulier en faveur de cette puissance.

Mais à votre voix, Messieurs, le ministère prendra une attitude plus convenable. Il se déclarera, non pas seulement aujourd'hui, mais pour toujours le protecteur des nations menacées par la Russie. Il attachera nos armes sur les poteaux qui marquent leurs frontières, et la lance du cosaque ne pourra les dépasser, sans faire résonner le noble écu de France et nous appeler au combat. Ses yeux ne pourront les fixer sans y voir ces mots écrits de notre main : *non amplius ultra.*

www.ingramcontent.com/pod-product-compliance
Ingram Content Group UK Ltd.
Pitfield, Milton Keynes, MK11 3LW, UK
UKHW022152170726
13837UKWH00004B/1950

9 782019 969943